BIBLIOTHEQUE
POUR TOUT LE MONDE
DIRECTEUR : AD. RION

TRAITÉ COMPLET
PONCTUATION
FACILEMENT APPRISE

PARIS,
PHILIPPART, LIBRAIRE
rue Dauphine, 24.

TRAITÉ

DE

PONCTUATION

PAR L. GIRAULT.

———————————— ⊙ ————————————

DEUXIÈME ÉDITION.

A PARIS,

CHEZ PHILIPPART, LIBRAIRE,
RUE DAUPHINE, 24,

ET CHEZ TOUS LES LIBRAIRES
DE LA FRANCE.

1849

(!.)

Le seul but de la ponctuation doit être de marquer le rapport des idées entre elles, de fixer le sens rigoureux des phrases, et nullement d'indiquer les repos de la voix. Indiquer les repos par des signes déjà employés dans une intention différente c'est s'exposer à n'obtenir ni l'un ni l'autre résultat: d'ailleurs tout lecteur intelligent doit ménager sa respiration de manière à ne jamais s'arrêter lorsque la pause n'est pas permise par le sens.

La première des règles de l'art de ponctuer consiste donc à n'omettre aucun des signes qui peuvent concourir à rendre le style plus intelligible et à retrancher tous ceux qui ne sont pas indispensables à l'expression claire de la pensée. La question ainsi simplifiée notre système se réduit à un petit nombre de règles, que nous expliquons succinctement et que nous confirmons par des exemples.

Chemin faisant nous signalons l'inutilité et l'embarras d'une ponctuation surabondante, parce que l'expérience nous a appris que c'est par elle que pèchent presque tous ceux qui écrivent. Quelques personnes croient ainsi nuancer leur style ; elles ne font que le morceler aux dépens du bon sens, du nombre et de l'harmonie.

TRAITÉ

DE

PONCTUATION.

CHAPITRE PREMIER.

DE LA VIRGULE.

Le *sujet* ou *nominatif* du verbe ne doit jamais en être séparé par une virgule quelle que soit la longueur de la phrase. Cette règle est une des plus importantes et celle qu'on viole le plus souvent.

L'*homme* qui découvre une vérité *est* utile à l'humanité tout entière.

La *décadence* dans les moindres arts mécaniques comme dans l'éloquence et dans toute science *arriva* après Marc-Aurèle.

Au moment où le génie s'éveille chez une nation les premiers qui en ressentent l'inspiration puissante s'emparent nécessairement de ce que l'art a de plus heureux et de ce que la nature a de plus beau.

La plupart des grammairiens prétendent que le sujet logique doit être séparé du verbe par une virgule, et ils ponctuent ainsi ces phrases :

Presque tous les animaux qui paraissent ne vivre que de graines, *ont* néanmoins été nourris dans le premier âge par leurs pères et mères avec des insectes.

Un malheureux qui en console un autre, *a* une éloquence d'autant plus puissante qu'il la puise en lui-même.

Cette distinction entre le sujet logique et le sujet grammatical relativement à la ponctuation est erronée ; dans l'un et l'autre cas le nominatif ne peut être rationnellement séparé du verbe : on ponctuera donc les phrases citées précédemment sans virgule devant le verbe.

On emploie la virgule dans tous les objets d'énumération.

Le cheval, le chien, le chat sont des animaux domestiques.

J'ai acheté un melon, des cerises, des poires, des pommes et des fraises.

La virgule se place entre les substantifs, les adjectifs et les verbes qui se suivent.

Le cœur, l'esprit, les mœurs, tout gagne à la culture.

Il faut régler ses goûts, ses travaux, ses plaisirs.

Dans un chemin montant, sablonneux, malaisé,
Et de tous les côtés au soleil exposé,
Six forts chevaux tiraient un coche.

La virgule sert encore à distinguer les différentes parties d'une phrase.

Les anciennes mœurs, l'ignorance du luxe, un certain usage de la pauvreté rendaient à Rome les fortunes à peu près égales.

Quand on adresse la parole à quelqu'un le nom ou la qualité qui sert à le désigner se place entre deux virgules au milieu d'une phrase, et s'il la commence il est suivi d'une virgule.

Encore une fois, Raimond Lulle, je serais d'avis qu'on laissât toutes les chimères, et qu'on ne s'attachât qu'à la recherche de ce qui est réel.

Artémise, pourriez-vous le croire? Il faut qu'en toutes choses les hommes se proposent un point de perfection au-delà même de la vérité.

On sépare par une virgule les mots en apostrophe ou en exclamation s'ils sont au commencement de la phrase, et on les met entre deux virgules s'ils sont dans le corps de la phrase. Il en est de même des interjections.

Meurs, puisque c'est un mal que tu ne peux guérir ;
Meurs enfin, puisqu'il faut ou te perdre ou mourir.

Hé quoi, Mathan ! d'un prêtre est-ce là le langage ?

On remplace généralement par la virgule les ellipses du verbe.

La jalousie vous dispute une vaine beauté ; la fierté, votre naissance ; l'ambition, votre valeur et vos services ; l'orgueil, vos talents et votre capacité.

On voit ici que les virgules placées après *fierté*, *ambition*, *orgueil* remplacent le verbe *disputer*.

Nous croyons nous que cette ponctuation est trop forcée. Qu'est-il besoin d'indiquer ici que le verbe déjà énoncé est sous-entendu ? Craint-on que sans ces virgules le lecteur se méprenne un instant sur le sens de cette phrase ? Assurément non : elles sont donc superflues. Les phrases ci-après, où nous avons supprimé la virgule et remplacé le point-virgule par une ponctuation moins forte, sont tout aussi claires et bien plus rapides.

Les amours des animaux ne sont pas moins variés que leurs laines : aux uns il faut des sérails, aux autres des maîtresses passagères, à d'autres des compagnes fidèles.

Dans les maisons j'imaginais des festins rustiques, dans les prés des jeux folâtres, sur les arbres des fruits délicieux, sous leur ombrage de voluptueux tête-à-tête.

On est aussi dans l'usage de faire suivre un membre de phrase elliptique par une virgule, comme dans ces exemples.

Pour moi, je suis d'un avis contraire.
Selon vous, on est coupable dès qu'on est accusé.

Mais l'ellipse étant immédiatement rétablie par l'esprit du lecteur sans le secours de la virgule cette dernière devient superflue puisqu'elle n'est pas nécessaire à la clarté du sens : il serait donc mieux de l'omettre.

———

Toute incise se place entre deux virgules ; si elle commence la phrase elle est suivie de la virgule.

Sans vous offenser, peut-on vous demander si vous dites la vérité ?

Vous ne trouverez pas mauvais, *quand vous en connaîtrez le motif*, la curiosité que j'ai eue de venir vous voir.

Il faut, *la vertu le commande*, oublier les injures et, *si cela se peut*, s'en venger par des bienfaits : car, *vous l'éprouverez un jour*, le souvenir d'une bonne action n'a jamais causé de regret, tandis que la vengeance, *qu'un cruel orgueil appelle le plaisir des dieux*, est toujours suivie de remords.

Une phrase est incidente lorsque étant retranchée le sens reste non seulement complet, mais encore n'est pas dénaturé. Faisons cette épreuve sur l'exemple précédent.

Il faut oublier les injures et s'en venger par des bienfaits : car le souvenir d'une bonne action n'a jamais causé de regrets, tandis que la vengeance est toujours suivie de remords.

———

Toutefois il ne faut pas prendre pour une incise un complément que l'on pourrait renfermer entre deux virgules sans rendre la phrase incomplète si cette phrase devenait vague.

L'on fit *pendant mon séjour à Stockholm* une grande réjouissance pour la naissance d'un prince.

———

Les phrases indéterminatives sont de véritables incises ; car elles peuvent toujours être retranchées sans nuire au sens rigoureux de la proposition.

Il n'est, *je le vois bien*, si poltron sur la terre
Qui ne puisse trouver un plus poltron que soi.

Il n'y a de neuf, *dit Chaucer*, que ce qui a vieilli.

———

Il y a deux sortes de compléments[1], le complément *déterminatif* et le complément *indéterminatif*. Le premier se lie si intimement au sujet que sans lui la proposition offrirait un sens différent : il n'en doit donc jamais être séparé par des virgules. Le complément *indéterminatif* est une espèce de phrase incidente, et doit être placé entre deux virgules.

La femme *née sensible* est souvent abusée par une feinte sentimentalité.

Née sensible est déterminatif; il ne faut pas de ponctuation.

La femme, *née sensible*, ne saurait prétendre au stoïcisme sans renoncer à la qualité distinctive de son sexe.

Femme est pris ici en général, et *née sensible* annonçant la qualité naturelle de ce sexe est indéterminatif.

———————

Le *qui relatif* appartient souvent à un complément déterminatif, et ce complément ne peut être placé entre deux virgules sans changer le sens de la proposition.

L'homme *qui m'est venu voir ce matin* est fort assommant.

Renfermez le complément entre deux virgules, et la proposition de particulière devient vague et générale : il ne faut donc pas de ponctuation.

———————

Le *qui explicatif* commence toujours une phrase incidente ou un complément indéterminatif qui doit être placé entre deux virgules.

L'homme, *qui est un être capable de raison*, devrait s'attacher à régler ses passions.

Retranchez le complément, et la proposition restera complète sans altération.

———————

[1] *Complément* se dit des mots qui sont régis par d'autres ou qui servent à préciser la signification des mots auxquels ils sont joints.

Le *qui* indéterminatif suivi d'une phrase incidente doit être renfermé entre deux virgules.

Les ministres écrivirent au général pour lui reprocher une cruauté si grande, *qui*, faite sans nécessité, soulevait contre lui le ciel et la terre.

***

Voici quelques exemples qui prouvent encore que la virgule omise ou écrite devant un complément en change entièrement le sens.

Les membres du comité de surveillance vérifieront les registres *qui* seront à leur disposition.

C'est à dire qu'ils vérifieront *ceux* des registres qui seront à leur disposition. En mettant une virgule avant *qui* on entendrait que *tous* les registres indistinctement devront être mis à leur disposition et vérifiés par eux.

***

Laissez-moi pleurer mon père

veut dire *laissez-moi pleurer le destin de mon père*, et

Laissez-moi pleurer, mon père,

c'est demander à son père la permission de pleurer.

***

Ses fils, Charles et Martel, étaient présents à cette solennité.

En employant deux virgules on entend que le père n'avait que deux fils ainsi nommés ; en les supprimant on comprendrait qu'il en avait d'autres encore, mais que deux seulement étaient présents.

***

Tous les Crétois furent dans un étrange étonnement de voir deux étrangers refuser la *royauté*, recherchée par tant d'autres.

La virgule qui est après *royauté* indique que c'est le pouvoir souverain en général qui est recherché avidement et non pas seulement la royauté de l'île de Crète.

***

Les pronoms, prépositions, conjonctions ne doivent

jamais être précédés de la virgule à moins qu'ils n'appartiennent à un autre membre de phrase : on ponctuera ainsi les phrases suivantes.

Nos laboureurs restent attachés à leurs terres *comme* le bœuf à la prairie qui l'a vu naître et qui le nourrit.

Tel brille au second rang *qui* s'éclipse au premier.

Le cuivre s'allie aisément *avec* l'or.

L'homme prudent est modéré *jusque* dans la colère.

Les faibles veulent dépendre *afin* d'être protégés.

Soumettons-nous à la nécessité *puisqu'elle* est une conséquence des lois de l'univers.

———

L'inversion d'une phrase ne nécessite jamais de changement dans la ponctuation : la profusion des virgules ne suppléerait pas au défaut d'intelligence du lecteur ; elle pourrait tout au plus rendre moins obscure une phrase mal construite. Alors celui qui est chargé de la ponctuation doit chercher par l'emploi de quelques virgules à éviter l'amphibologie ; mais on sent que nous ne pouvons donner ici une règle pour faire plus ou moins mal.

Sans les insectes les oiseaux n'auraient pas de quoi nourrir leurs petits.

Loin des personnes qui nous sont chères toute demeure est un désert et tout espace est un vide.

Quand tout le monde est parti l'on parle de ce qui s'est passé.

Voici une phrase de J.-J. Rousseau qu'un éditeur récent a coupée par quatre virgules.

Ce sont, en un mot, les charmes du sentiment, bien plus que ceux de la personne, que j'adore en vous.

En un mot est une locution adverbiale, *bien plus que ceux de la personne* un terme de comparaison. Il ne doit pas y avoir dans cette phrase une seule ponctuation.

———

Dans cette période de Bernardin de Saint-Pierre, que l'on a hachée de cinq virgules, il ne faut aucune ponctuation.

Sur la lisière des bois le bouvreuil caché dans l'épine blanche charme par son doux ramage sa compagne.

Pour nous en convaincre construisons plus simplement cette phrase.

Le bouvreuil caché dans les bois sous l'épine blanche charme sa compagne par son doux ramage.

Est-ce que la transposition des mots peut faire changer les règles de la ponctuation? S'il en était ainsi la même phrase latine serait susceptible de cent ponctuations différentes. On objectera peut-être que les langues vivantes n'ayant pas de désinences quelques inversions nécessitent une ponctuation forcée pour être intelligibles. Eh bien! il faut en écrivant éviter de telles inversions, sinon le bon sens du correcteur doit dominer la règle.

———

La construction de la phrase suivante est tellement vicieuse que nulle ponctuation ne saurait y remédier.

Les protestants, bannis de leur patrie par la révocation de l'édit de Nantes, en ont conservé un cruel souvenir.

Si nous mettons *bannis de leur patrie* entre deux virgules *en ont* ne se rapportera à rien ; si nous les supprimons on comprendra que ce ne sont pas tous les protestants qui furent bannis, mais une partie d'entre eux , et telle n'est pas la pensée de l'historien.

———

Il ne faut pas de ponctuation avant *c'est* dans les phrases suivantes ni dans celles qui leur sont analogues : le pronom *ce* annonce une ellipse, une inversion, l'intention d'appuyer sur sa pensée, et nous avons dit que la ponctuation ne doit pas indiquer ces circonstances, mais uniquement préciser le sens.

Les femmes ne sont pas faites pour courir ; quand elles fuient c'est pour être atteintes.

C'est comme s'il y avait *quand elles fuient elles le font pour être atteintes.*

Chez les anciens c'étaient les vieillards qui gouvernaient ; chez nous ce sont les jeunes gens.

On peut tourner cette phrase ainsi : *C'étaient les vieillards qui gouvernaient chez les anciens, et ce sont les jeunes gens qui gouvernent chez nous.*

Fonder la vérité sur un livre c'est comme si on la fondait sur un tableau ou sur une statue.

Cette phrase peut se changer en cette autre, qui rend parfaitement la pensée : *Fonder la vérité sur un livre est une chose aussi peu raisonnable que de la fonder sur une statue ou sur un tableau.*

———

Il ne faut pas confondre les exemples que nous venons de donner avec ceux qui vont suivre : dans ces derniers c'est commence un second membre de phrase qui a plus ou moins de liaison avec le premier, et qui est en conséquence précédé d'une ponctuation plus ou moins forte.

Il y a dans la méditation des pensées honnêtes une sorte de bien-être que les méchants n'ont jamais connu, c'est celui de se plaire avec soi-même.

Je lis et relis sans cesse La Fontaine ; c'est mon auteur favori.

L'animal diffère beaucoup de la plante puisqu'il a du sentiment : c'est un être sensible qui est sans cesse agité par le désir de conserver sa vie et par la crainte de la perdre.

———

On ne sépare pas par une virgule les noms, les adjectifs, les verbes joints entre eux par la conjonction *et*.

L'esprit, la science *et* la vertu sont les véritables biens de l'homme.

Le sage est ménager du temps *et* des paroles.

Il en est autrement si la particule *et* au lieu d'être copulative sert à séparer deux idées distinctes ; alors elle doit pour la clarté du sens être précédée de la virgule.

Voyez ce papillon échappé du tombeau ;
Sa mort fut un sommeil, *et* sa tombe un berceau.

Généralement les gens qui savent peu parlent beaucoup, et les gens qui savent beaucoup parlent peu.

En poésie lorsque la conjonction est répétée il faut ponctuer de manière à ne pas détruire l'image de l'opposition.

> Et le riche et le pauvre, *et* le faible et le fort
> Vont tous également des douleurs à la mort.

Lorsque la particule *ni* est répétée plus de deux fois dans un membre de phrase c'est une espèce d'énumération qui doit être indiquée par des virgules.

Ni ma santé, ni mes travaux, ni mon goût ne me permettent de quitter ma douce retraite.

Ni le reproche, ni la crainte, ni l'ambition ne troublent les instants d'un honnête homme en place.

Lorsque cette particule deux fois répétée signifie *ni l'un ni l'autre* et se rapporte au même verbe on omet la virgule.

> Ni mon grenier ni mon armoire
> Ne se remplit à babiller.

Il en est autrement dans cette phrase,

> Vous ne devez ni le dire, ni le faire,

parce que la particule *ni* n'est pas conjonctive.

Les locutions adverbiales modifiant une pensée ne doivent pas être considérées comme des incises ni soumises à la même règle de ponctuation.

Le second point *au contraire* est de toute autre importance ; nous en avons vu précédemment la preuve.

On peut affirmer *il est vrai* que toutes nos idées nous viennent par le secours des sens ; cependant les enfants agissent au moment de leur naissance comme s'ils avaient déjà des idées acquises, ce qui est une preuve que les êtres vivants éprouvent des sensations internes qui les incitent, les dirigent avec une rectitude, et une vivacité incompréhensibles.

Si l'on considérait ces locutions adverbiales comme des incises il faudrait supposer qu'en les retranchant le sens de la phrase ne serait nullement altéré, ce qui n'est pas; car dans le premier cas *au contraire* modifie la proposition relativement à ce qui a été dit, et dans le second *il est vrai* modifie la pensée relativement à ce qui va suivre. Il y a plus, la clarté du sens n'exige pas de ponctuation.

Les adverbes soit qu'ils commencent un membre de phrase ou s'y trouvent intercalés en sont inséparables.

Cependant toutes les nymphes assemblées autour de Mentor prenaient plaisir à le questionner.

Ce qu'on pourrait *peut-être* reprocher à ce songe c'est qu'il ne sert de rien dans la pièce.

Au reste ils étaient ignorants comme des créoles.

Ce mal lui prit *tout à coup* comme il y pensait le moins.

Newton est *certainement* le plus grand génie qu'ait produit l'Angleterre; *toutefois* il doit beaucoup à Kepler et à Galilée. *En effet* le dernier lui a donné la théorie de la chute des corps, et Kepler avait déjà rédigé les trois fameuses lois qui assurent son immortalité : *néanmoins* la gloire de Newton est sans rivale.

Les pronoms *on, il,* etc., ne doivent être précédés d'aucune ponctuation à moins qu'ils ne commencent un second membre de phrase.

Au lieu de plaisanterie *il* lui faut des raisons.

Dans les pays du nord *on* trouve des loups tout blancs et tout noirs.

Pour se convaincre de la justesse de cette règle il suffit de remarquer que la virgule placée avant le pronom couperait en deux une seule pensée.

Évitez toujours de mettre une virgule avant *que* dans les phrases telles que celles que nous allons citer.

Je doute que personne au monde ait mieux peint la nature dans son aimable simplicité *que* Gessner.

L'homme social vit plus pour l'avenir *que* pour le présent, pour l'amour-propre *que* pour l'amour, pour la puissance *que* pour le bien-être.

Dans tous ces exemples *que* est conjonction ; c'est même un terme de comparaison : le faire précéder d'une virgule ce serait détruire l'harmonie de la phrase.

On doit employer la virgule et non le deux-points dans une proposition où la citation est pour ainsi dire une suite de la narration.

Quand je vois tant de gens s'écrier à la vue d'une montagne qui accouche d'une souris, O prodige, ô miracle digne d'admiration ! je me dis, J'aime mieux polichinelle.

Je dirai au gourmand, Ne descendez pas à la cuisine ; à l'amateur de théâtre, Ne fréquentez pas les coulisses ; au protecteur, à l'ami éclairé des lettres, Ne vous arrêtez pas au bureau d'un journal ; le jeu des machines vous dégoûterait infailliblement des produits.

Dans ces exemples il n'y a réellement pas de citation ni d'interlocuteur ; c'est l'auteur qui continue de parler, qui dramatise sa phrase ; il suffit d'indiquer par une lettre majuscule ou capitale le premier des mots que l'auteur dit en son propre nom ou prête fictivement à son personnage. (*Voy.* le chap. des DEUX-POINTS.)

La même règle s'applique dans cette phrase.

Avez-vous faim, mangez.

C'est comme s'il y avait *Mangez si vous avez faim.*

Ah, mon père !

Mettez une virgule après *Ah* : l'exclamation finit avec la phrase, qui d'ailleurs est trop courte pour nécessiter le redoublement du point exclamatif.

Voici quelques cas particuliers où la virgule n'est employée que pour éviter l'amphibologie.

Observations sur l'écrit de La Place relatif au perfectionnement de la théorie des tables lunaires, par Gaillni et Plana.

Sans une virgule après *lunaires* on pourrait attribuer la *Théorie des tables lunaires* aux auteurs des *Observations*.

On écrit

Chez Poussielgue-Rusand, Treutell et Würtz

sans virgule après Treutell parce que cette adresse n'indique que deux libraires; mais on doit en mettre une après le second nom propre dans l'exemple qui suit :

Chez Cornuault, Mongolfier, et Auzou,

parce qu'on veut indiquer trois marchands de papiers différents.

L'emploi de la virgule étant le plus important de tous les signes de la ponctuation, nous allons terminer ce chapitre par une suite d'exemples propres à servir de modèles dans les cas où elle doit être employée ou omise.

C'est, je crois, par toutes ces raisons que les jeunes filles acquièrent si vite un babil agréable, qu'elles mettent de l'accent dans leurs propos, même avant de les sentir, et que les hommes s'amusent sitôt à les écouter, même avant qu'elles puissent les entendre.

Il n'y a rien qui rafraîchisse le sang comme une bonne action.

La volonté n'est, comme nos autres facultés, qu'un résultat de notre organisation.

Lorsqu'on a sujet de se plaindre d'un ami il faut s'en détacher peu à peu, et dénouer plutôt que rompre les liens de l'amitié.

Le temps, semblable à la marche des planètes dans les cieux, passe et s'écoule sans que nous nous en apercevions.

Je vais chantant zéphyr, les nymphes, les bocages,
Et les fleurs du printemps, et leurs riches couleurs,
Et mes belles amours, plus belles que les fleurs.

Les propriétés communes à l'or et à l'argent, qu'on a toujours regardés comme les seuls métaux parfaits, sont la ductilité, la fixité au feu et l'inaltérabilité à l'air et à l'eau.

2

Celui qui a l'imprudence de confier son secret ne doit s'en prendre qu'à lui-même si on le divulgue.

> Je ne prends point pour vertu
> Les noirs accès de la tristesse
> D'un loup-garou revêtu
> Des habits de la sagesse.

La comédie nous apprend à nous moquer d'autrui, et rien de plus.

Chacun dit du bien de son cœur, et personne n'en dit de son esprit.

La patience est amère, mais son fruit est doux.

Les canards du royaume de Pont acquéraient en mangeant des herbes vénéneuses tant de vertus que Mithridate employait leur sang dans ses fameux contrepoisons.

> Pour plaire au jeune prince à qui la renommée
> Destine un temple en mes écrits
> Comment composerai-je une fable nommée
> Le chat et la souris ?

Dans les exemples que nous venons de rapporter les virgules sont clairsemées ; il n'y en a même pas dans les deux derniers, et il ne doit pas y en avoir. En simplifiant ainsi la ponctuation le discours est plus serré, plus coulant, et les signes acquièrent une plus grande valeur relative.

Nous n'avons pas cité les auteurs auxquels nous avons emprunté les phrases qui précèdent, nous ne citerons pas plus ceux que nous mettrons à contribution par la suite, parce que nous avons ponctué ces phrases d'après notre méthode, fondée sur ce principe que la ponctuation n'est que pour le sens. La ponctuation réduite à ordonner les pensées est une science nouvelle comme toutes celles qui sont fondées sur l'analyse. La plupart des auteurs morts ont été ponctués par les imprimeurs : il n'y a peut-être pas deux éditions qui se ressemblent parfaitement pour la ponctuation. Dans l'incertitude où l'on flotte depuis longtemps chaque imprimerie a sa méthode particulière, modifiée il est vrai par le caprice irréfléchi des écrivains, qui imposent souvent leur volonté arbitraire à des hommes qu'une longue pratique rend juges compétents.

Quand les grammairiens invoquent l'autorité des écrivains classiques (autorité souvent contradictoire et à laquelle ils cherchent laborieusement une intention) ils oublient que c'est aux correcteurs d'imprimerie qu'il faut en rapporter le blâme ou la louange : il en est de même de l'orthographe.

CHAPITRE II.

DU POINT-VIRGULE.

Le point-virgule est une ponctuation plus forte que la virgule, et dont l'application n'est pas toujours faite avec justesse : beaucoup de personnes le remplacent par le point dans le style périodique, et transforment ainsi en plusieurs phrases sèches et isolées une période qui avait du nombre et de l'harmonie : nous en donnerons un exemple.

Lorsqu'une proposition dont le sens est complet se trouve suivie d'une autre proposition qui en est le développement on doit les séparer par le point-virgule.

L'honneur ressemble à l'œil, qui ne saurait souffrir la moindre impureté sans s'altérer ; c'est une pierre précieuse dont le défaut diminue le prix.

Dans une période composée de plusieurs membres de phrases qui ont des compléments indéterminatifs on fait précéder ces membres de phrases du point-virgule, et les compléments sont soumis à la règle que nous avons indiquée.

On ne peut rien apprendre à l'ignorance, qui ne sait pas écouter ; à l'obstination, qui ne le veut pas ; au désir de nuire, pour qui tous les moyens sont bons.

Les amours des animaux sont très-variées : aux uns, le coq, il faut des sérails ; aux autres, le moineau, des maîtresses passagères ; à d'autres, le pigeon, des compagnes fidèles.

En supprimant les compléments de ce dernier exemple nous avons vu *page* 10 comment on devait le ponctuer.

Le point-virgule sert aussi à lier plusieurs propositions distinctes qui forment un sens total.

A Rome, à Sparte, à Athènes l'amour de la patrie est le premier des devoirs; chez un peuple corrompu c'est une vertu; dans un état despotique c'est presque une sottise.

Le point-virgule est quelquefois remplacé par la virgule lorsque deux membres de phrases qui présentent des idées distinctes sont joints par la particule *et* ou toute autre ligature.

L'activité naît de la force, *et* la paresse d'une impuissance paisible.

En supprimant la conjonction on n'aurait pas même besoin d'une ponctuation plus forte puisque le verbe est sous-entendu.

L'activité naît de la force, la paresse d'une impuissance paisible.

Mais dans cet autre exemple :

Les disputes des gens de lettres ne servent qu'à faire rire les sots aux dépens des gens d'esprit, et déshonorent les talents qu'on devrait rendre respectables.

Substituez le pronom *elles* à la particule copulative, et le point-virgule viendra remplacer la virgule.

Les disputes des gens de lettres ne servent qu'à faire rire les sots aux dépens des gens d'esprit; elles déshonorent les talents qu'on devrait rendre respectables.

Le point-virgule sépare toujours deux sens opposés quoiqu'ils soient réunis par une conjonction.

J'honore tes vertus, j'admire ton courage, je suis reconnaissant de ta générosité ; *mais*, hélas ! je ne puis te donner un cœur qui ne m'appartient plus.

Lorsque cette conjonction lie deux membres de phrase dont le second complète le premier elle ne doit être précédée que d'une virgule.

Quand la rivalité dégénère en haine elle ne produit que des malheurs, *mais* lorsqu'elle porte à une noble émulation elle devient utile aux progrès des sciences et des arts.

Le point-virgule est indispensable entre deux propositions compliquées quoiqu'elles soient liées par une conjonction ou par un adverbe.

Toutes les fois qu'on prononce le mot d'union il y a des gens qui sont tentés de s'irriter ; *néanmoins* combien est-il de personnes vraiment honnêtes pour qui cette union désirée est une condition de leur propre bonheur !

Les membres de phrases qui servent à énumérer les choses distinctes qui concourent à former un tout doivent être réunis par des points-virgules, d'autant plus qu'ils ont presque toujours des compléments indéterminatifs.

On décantera la limaille de fer avec rapidité après l'avoir agitée ; on enlèvera aussi par décantation tout l'oxide qu'elle contient : les portions les plus lourdes qui restent au fond du vase seront remises avec la limaille ; l'oxide sera jeté sur une toile serrée, égoutté et mis à la presse ; on le desséchera rapidement en le tenant enfermé dans des feuilles de papier joseph afin d'éviter l'oxidation que l'air lui fait éprouver tant qu'il n'est pas parfaitement sec.

Dans ces vers,

L'un se mit sur son dos, prit l'œuf entre ses bras ;
Puis, malgré quelques heurts et quelques mauvais pas,
L'autre le traîne par la queue.

Le point-virgule est appliqué avant *puis* parce que cet adverbe ne modifie aucune expression du premier vers, mais bien l'adjectif *l'autre* énoncé seulement dans le troisième.

Le point-virgule se place autant de fois que dans une période il y a de sens dont un seul ou plusieurs sont subdivisés par la virgule.

Quoiqu'il n'eût guère vu d'autres gens qu'un ermite,
Son troupeau, ses mâtins, le loup, et puis c'est tout,
Il avait du bon sens ; le reste vient ensuite ;
Bref il en vint fort bien à bout.

Ni le père de Méduse, ni sa mère, Céto, ni ses sœurs, les Gorgones, ne peuvent la regarder ; aucun des animaux ne soutient sa vue ; les serpents même de sa tête se replient en arrière pour éviter son aspect.

On doit être convaincu par tous les exemples précédents que l'emploi du point-virgule n'est pas plus que celui de la virgule déterminé par l'étendue ou l'inversion de la phrase. Voici une proposition exprimée par un grand nombre de mots qui pourra servir de modèle.

Le chien, dit Buffon, indépendamment de la beauté de sa forme, de la vivacité, de la force, de la légèreté, a par excellence toutes les qualités intérieures qui peuvent lui attirer les regards de l'homme. Un naturel ardent, colère, même féroce et sanguinaire, rend le chien sauvage redoutable à tous les animaux, et cède dans le chien domestique aux sentiments les plus doux, au plaisir de s'attacher et au désir de plaire : il vient en rampant mettre aux pieds de son maître son courage, sa force, ses talents ; il attend ses ordres pour en faire usage ; il le consulte, il l'interroge, il le supplie ; un coup d'œil suffit, il entend les signes de sa volonté ; sans avoir comme l'homme la lumière de la pensée, il a toute la chaleur du sentiment ; il a de plus que lui la fidélité, la constance dans ses affections, nulle ambition, nul intérêt, nul désir de vengeance, nulle crainte que celle de déplaire ; il est tout zèle, toute ardeur et toute obéissance ; plus sensible au souvenir des bienfaits qu'à celui des outrages, il ne se rebute pas par les mauvais traitements ; il les subit, il les oublie, ou ne s'en souvient que pour s'attacher davantage ; loin de s'irriter ou de fuir, il s'expose de lui-même à de nouvelles épreuves ; il lèche cette main, instrument de douleur, qui vient de le frapper ; il ne lui oppose que la crainte, et la désarme enfin par la patience et la soumission.

Enfin le point-virgule sert à séparer les 1°, 2°, 3°, etc., d'une phrase énumérative.

Cependant avant de quitter ce sujet je crois devoir encore examiner avec vous quatre objets importants : 1° jusqu'à quel point notre faculté de penser est dépendante de notre volonté ; 2° quelles modifications apporte dans une pensée la fréquente répétition de ses actes ; 3° ce que, dans l'état actuel de la raison humaine, la faculté de penser des hommes en société doit au perfectionnement graduel de l'individu et à celui de l'espèce ; 4° l'influence de l'usage des signes sur ces deux espèces de perfectionnement.

Cependant si cette énumération était composée de phrases très-courtes on n'emploierait que la virgule.

Il faut, 1° une paire de souliers, 2° douze chemises, 3° un lit, 4° des brosses, etc.

Nous avons dit en commençant ce chapitre qu'on substitue souvent le point au point-virgule, et que cette substitution ralentit le style et le saccade désagréablement. Voici les premières lignes de *Télémaque* où, dans l'édition récente que nous avons sous les yeux, tous les mots en italique sont à tort précédés d'un point.

Calypso ne pouvait se consoler du départ d'Ulysse ; *dans sa* douleur elle se trouvait malheureuse d'être immortelle ; *sa* grotte ne résonnait plus de son chant ; *les* nymphes qui la servaient n'osaient lui parler.

Il n'y a pas là quatre phrases ; mais une seule qui énumère tout ce qui faisait autrefois la félicité de Calypso et ce qui ne saurait aujourd'hui la consoler.

Nous terminerons par la réunion de plusieurs passages extraits de différents auteurs et où le point-virgule est spécialement employé.

Les fous mènent les sages ; ils sont les plus nombreux.

Le premier élan du peuple est précieux ; il faut savoir en profiter.

L'accord de l'amour et de l'innocence semble être le paradis sur la terre; c'est le bonheur le plus doux et l'état le plus délicieux de la vie.

La nature donne la force du génie, la trempe du caractère et le moule du cœur; l'éducation ne fait que modifier le tout.

Les femmes souriaient des manières de l'étranger; mais c'était de ce sourire de femme qui ne blesse pas.

Ceux-ci avaient fui en désespoir; ceux-là, comme s'ils étaient stupéfaits, n'en profitèrent pas.

Sire, répond l'agneau, que votre majesté
    Ne se mette pas en colère;
    Mais plutôt qu'elle considère
    Que je me vas désaltérant
        Dans le courant
Plus de vingt pas au-dessous d'elle.

Respectable ennemi qu'estiment les chrétiens,
Je reviens dégager mes serments et les tiens;
J'ai satisfait à tout; c'est à toi d'y souscrire;
Je te fais apporter la rançon de Zaïre.

O toi! (Julien) élève et disciple de ces êtres qui occupent le milieu entre la Divinité et l'homme; toi dont la tombe n'occupe qu'une petite portion de terre, mais qui par ta gloire remplis le monde; toi qui en commençant ta carrière as surpassé tous les grands hommes qui ne sont pas Romains, qui en la finissant as surpassé ceux même de Rome; toi que les pères regrettent plus que leurs propres enfants, et que les enfants regrettent plus que leurs pères; toi qui as exécuté de si grandes choses, mais qui devais en exécuter de plus grandes encore; toi qui foulais aux pieds tous les genres de volupté excepté celles qui naissent du charme de la philosophie; protecteur et ami de l'empire, ô prince! reçois ce dernier hommage d'une éloquence faible, mais à laquelle pendant que tu vécus tu daignas mettre quelque prix.

CHAPITRE III.

DU DEUX-POINTS.

Le deux-points sert principalement à joindre deux phrases dont le sens est également complet, mais qui se rapportent l'une à l'autre.

Penser c'est sentir, et sentir c'est s'apercevoir de son existence d'une manière ou d'autre ; nous n'avons pas d'autre moyen de connaître que nous existons.

Je découvre dans la même maison deux frères médecins, qui font des songes bien mortifiants : l'un rêve que l'on publie une ordonnance qui défend de payer les médecins quand ils n'auront pas guéri leurs malades, et l'autre songe qu'il est ordonné que les médecins mèneront le deuil à l'enterrement de tous les malades qui mourront entre leurs mains.

Toutes les fois qu'on énonce deux propositions dont la première sert d'argument à la seconde, mais qui en est entièrement indépendante, c'est indubitablement le deux-points qu'il faut employer.

Où il y a de la grandeur nous la sentons malgré nous : la gloire des conquérants a toujours été combattue ; les peuples en ont toujours souffert, et ils l'ont toujours respectée.

Il est faux que l'égalité soit dans la nature : la nature n'a rien fait d'égal ; sa loi souveraine est la subordination et la dépendance.

Tous les hommes sont clairvoyants sur leurs intérêts, et il n'arrive guère qu'on les en détache par la ruse : on a admiré dans les négociations la supériorité de la maison d'Autriche, mais peudant l'énorme puissance de cette famille, non après : les traités les mieux ménagés ne sont que la loi du plus fort.

On applique le deux-points dans un style coupé où toutes les conjonctions et autres ligatures sont omises à dessein.

Je vous remercie de la peine que vous avez prise de narrer cette folie ; c'est un style que vous n'aimez pas, mais il m'a bien réjouie : M. de Coulanges vous en parlera.

Je reçois souvent de petits billets de ce cher cardinal : je tiens à ce léger commerce très-mystérieux et très-secret : il m'en est plus cher.

Le deux-points peut être remplacé par le point-virgule quand la seconde phrase offrirait un sens trop vague séparée de la première.

Plus le pouvoir de l'éloquence est grand, plus il doit être uni à la prudence et à la probité : sans elles le talent de la parole et les secrets de l'art deviennent des armes dangereuses confiées à des furieux.

Assurément le point-virgule ou le deux-points sépareraient ces deux membres de phrase d'une manière très-intelligible : nous croyons cependant qu'on doit préférer le point-virgule, d'après le système que nous avons adopté de donner à la ponctuation en la simplifiant une force qui lui manque en partie, et qui permettrait de retarder l'emploi du point jusqu'à ce qu'il fût d'une nécessité absolue.

Le deux-points précède toujours un discours direct ou une citation véritable, comme quand on rapporte textuellement les paroles qui ont été dites, ou que l'on transcrit un passage tiré d'un ouvrage quelconque.

Il y a des mots qui disent plus que vingt pages, et des faits qui sont au-dessus de l'art des orateurs; par exemple le mot de Saint-Hilaire à son fils : *Ce n'est pas moi qu'il faut pleurer, c'est ce grand homme.*

Je ne sais si beaucoup de personnes penseront comme moi, mais j'aimerais mieux avoir prononcé ces belles paroles que d'avoir remporté une victoire. Ce que j'honore surtout dans Turenne c'est la modestie qui lui dicta cette lettre sur le lieu même de sa gloire : « Les ennemis sont venus nous attaquer, « nous les avons battus ; Dieu en soit loué, J'ai eu bien de la « peine. Je vous souhaite le bonsoir ; je vais me mettre au lit. »

Lorsqu'on rapporte les expressions d'un personnage que l'on met en scène, si la phrase qui précède la citation est complète on emploie le deux-points immédiatement après.

Cependant Calypso se réjouissait d'un naufrage qui mettait dans son île le fils d'Ulysse, si semblable à son père : elle s'avance vers lui, et, sans faire semblant de savoir qui il est, elle lui dit : D'où vous vient cette témérité d'aborder dans mon île?

Mais si la phrase était incomplète avant le premier mot de la citation on emploierait la virgule tout en conservant la capitale :

Cependant Calypso se réjouissait d'un naufrage qui mettait dans son île le fils d'Ulysse, si semblable à son père ; elle s'avance vers lui, et, sans faire semblant de savoir qui il est, D'où vous vient, lui dit-elle, cette témérité d'aborder dans mon île ?

On voit bien que ces mots *de savoir qui il est* ne complètent pas la phrase.

Dans l'exemple que nous allons encore rapporter il est impossible d'employer ni deux-points ni virgule ; l'une ou l'autre ponctuation serait vicieuse : il faut mettre les trois mots cités en italique.

A peine Néoptolème m'eut dit *Je suis Grec* que je m'écriai, etc.

Si l'on prodigue la virgule outre mesure on se sert du deux-points avec une parcimonie non moins étrange : on le remplace souvent par le point dans une multitude de circonstances où ce dernier ne saurait être appliqué sans couper d'une manière abrupte des phrases qui ont la plus intime corrélation, et qui isolées n'offrent qu'un sens très-vague. Fidèle à notre maxime d'instruire plus encore par les exemples que par les préceptes, nous allons trans-crire plusieurs passages de *Télémaque* qui pourront servir de modèles pour l'emploi du deux-points, qui est dans beaucoup d'éditions remplacé par le point.

La guerre est quelquefois nécessaire il est vrai; mais c'est la honte du genre humain qu'elle soit inévitable en certaines occasions. O rois! ne dites point qu'on doit la désirer pour acquérir de la gloire; la vraie gloire ne se trouve point hors de l'humanité : quiconque préfère sa propre gloire aux sentiments de l'humanité est un monstre d'orgueil et non pas un homme; il ne parviendra même qu'à une fausse gloire, car la vraie ne se trouve que dans la modération et la bonté : on pourra le flatter pour contenter sa folle vanité, mais on dira toujours de lui en secret quand on voudra parler sincèrement : Il a d'autant moins mérité la gloire qu'il l'a désirée avec une passion injuste : les hommes ne doivent point l'estimer puisqu'il a si peu estimé les hommes et qu'il a prodigué leur sang par une brutale vanité.

Ce vieillard, admiré de toute la Grèce, sembla avoir perdu toute son éloquence et toute sa majesté dès que Mentor parut avec lui; sa vieillesse paraissait flétrie et abattue auprès de celle de Mentor, en qui les ans semblaient avoir respecté la force et la vigueur du tempérament : les paroles de Mentor quoique graves et simples avaient une vivacité et une autorité qui commençaient à manquer à l'autre : tout ce qu'il disait était court, précis, nerveux; jamais il ne faisait aucune redite; jamais il ne racontait que le fait nécessaire pour l'affaire qu'il fallait décider; s'il était obligé de parler plusieurs fois d'une même chose pour l'inculquer ou pour parvenir à la persuasion c'était toujours par des tours nouveaux et par des comparaisons sensibles; il avait même quelque chose de complaisant et d'enjoué quand il voulait se proportionner au besoin des autres et leur insinuer quelques vérités.

CHAPITRE IV.

DU POINT.

Le point indique que les deux phrases qu'il sépare sont absolument complètes et qu'elles n'ont pas besoin l'une de l'autre pour être comprises ; sinon il faudrait le remplacer par le deux-points.

C'est ici le lieu de faire remarquer que la profusion avec laquelle on applique la virgule, le peu d'usage que l'on fait du point-virgule et surtout du deux-points réagissent sur le point, et qu'en conséquence on coupe souvent par le point des phrases qui ne sauraient être bien entendues séparément. Par exemple dans la citation qui va suivre ne semble-t-il pas que le point, employé trois fois dans l'excellente édition que nous avons sous les yeux, devrait être remplacé aussi souvent par le deux-points.

D'abord il se fit un profond silence dans toute l'armée : *les* chefs se regardaient les uns les autres ne pouvant résister à cet homme, ni comprendre qui il était ; toutes les troupes, immobiles, avaient les yeux attachés sur lui : on n'osait parler de peur qu'il n'eût encore quelque chose à dire et qu'on ne l'empêchât d'être entendu.

Voyez comment cette phrase ainsi ponctuée s'enchaîne avec harmonie, se déroule rapidement, et cependant la ponctuation marque distinctement toutes les nuances de la pensée.

Le point est fréquent dans le style concis, où l'auteur se contente de jeter ses pensées sans leur donner de dé-

veloppement, sans les lier entre elles : ce sont pour ainsi
dire de brefs sommaires qui invitent le lecteur à réfléchir.

Les lois criminelles n'ont pas été perfectionnées tout d'un
coup. Dans les lieux même où l'on a le plus cherché la liberté on
ne l'a pas toujours trouvée. Aristote nous dit qu'à Cumes les pa-
rents de l'accusateur pouvaient être témoins. Sous les rois de
Rome la loi était si imparfaite que Servius Tullius prononça la
sentence contre les enfants d'Ancus Martius, accusés d'avoir as-
sassiné le roi son beau-père. Sous les premiers rois de France
Clotaire fit une loi pour qu'un accusé ne pût être condamné sans
être ouï ; ce qui prouve une pratique contraire dans quelques cas
particuliers. Ce fut Charondas qui introduisit les jugements contre
les faux témoignages. Quand l'innocence des citoyens n'est pas
assurée la liberté ne l'est pas non plus.

Dans l'extrait de l'éloge de Marc-Aurèle que nous allons
rapporter on verra plusieurs exemples de l'emploi du point
et de celui de l'alinéa. Le lecteur devra observer que si le
point clôt des phrases indépendantes ces phrases cependant
servent à développer une série d'idées qui forment un seul
tout, tandis que l'alinéa annonce que l'écrivain, partant
d'une donnée nouvelle, va considérer sous une autre face
le sujet de son ouvrage.

Le bisaïeul de Marc-Aurèle naquit sur les bords du Tage. Il
apporta pour distinction dans Rome des vertus que l'on ne trouve
plus que loin de Rome, la simplicité des mœurs antiques. Cet
héritage se conserva dans sa maison : voilà quelle fut la vraie
noblesse de Marc-Aurèle. Je sais qu'il fut le parent d'Adrien ;
mais il regarda cet honneur, si c'en est un, comme un danger.
Je sais qu'on voulut le faire descendre de Numa, mais il fut assez
grand pour dédaigner cette chimère de l'orgueil ; il mit sa gloire
à être juste.

Remercions les dieux de ce qu'il ne fut point d'abord désigné
pour le trône ; ce rang suprême a plus corrompu d'âmes qu'il
n'en a élevé. Né pour être un simple citoyen, il devint grand ;
peut-être s'il fût né prince n'eût-il été qu'un homme vulgaire.

Tout concourut à le former. Il reçut d'abord cette première
éducation à laquelle vos ancêtres ont toujours mis un si grand
prix, et qui prépare à l'âme un corps robuste et sain. Il ne fut
point amolli en naissant par le luxe ; on ne l'entoura point d'une
foule d'esclaves qui, observant ses moindres signes, se seraient

honorés d'obéir à ses caprices ; on lui laissa sentir qu'il était homme, et l'habitude de souffrir fut la première leçon qu'il reçut. La course, la lutte, les danses militaires achevèrent de développer ses forces : il se couvrait de poussière sur ce même champ de Mars où s'étaient exercés vos Scipion, vos Marius et vos Pompée.

Cette première éducation n'eût fait de Marc-Aurèle qu'un soldat ; on y joignit celle des connaissances. La langue de Platon lui devint familière comme la sienne ; l'éloquence lui apprit à parler aux hommes ; l'histoire lui apprit à les juger ; l'étude des lois lui montra la base et le fondement des États.

Ainsi commençait à se former le prince qui devait nous gouverner ; mais c'est l'éducation morale qui achève l'homme ; c'est elle qui a fait Marc-Aurèle.

CHAPITRE V.

DU POINT EXCLAMATIF.

Le point exclamatif se met à la fin des phrases qui expriment l'admiration, l'exclamation, l'étonnement, l'indignation, la douleur, le désir, la crainte, l'horreur, la dérision, la haine, l'amour, la joie, la mélancolie et en général tous les vifs sentiments de l'âme qui peuvent se peindre par la parole.

L'ADMIRATION.
Pleurante à mon départ, que Philis était belle !

L'EXCLAMATION.
Grands dieux ! que mon amour ne lui soit point funeste !

L'INDIGNATION.
Ah ! que ton impudence excite mon courroux !

LA DOULEUR.
Coupable infortunée ! en voyant ton bonheur
J'eusse oublié ma faute et pleuré moins l'honneur :
Mais l'honneur ! mais l'espoir ! l'espoir, ce don céleste !
Mais Valmont... tout me fuit, et mon amour me reste !

LE DÉSIR.
Puisse le ciel, qui lit dans mon cœur éperdu,
Ajouter à vos jours ceux que j'aurais vécu !

LA CRAINTE.
Juste ciel ! qu'ai-je fait aujourd'hui !
Mon époux va paraître et son fils avec lui !

3

Je verrai le témoin de ma flamme adultère
Observer de quel front j'ose aborder son père!

L'HORREUR.

Hippolyte! grand dieux!

. . . .

Juste ciel! tout mon sang dans mes veines se glace!
O désespoir! ô crime! ô déplorable race!

LA DÉRISION.

Ah! vous êtes dévot, et vous vous emportez!

LA HAINE.

Et pour vous souhaiter tous les malheurs ensemble
Puisse naître de vous un fils qui me ressemble!

L'AMOUR.

Hélas! il me semblait qu'une flamme si belle
M'élevait au-dessus du sort d'une mortelle!

L'ÉTONNEMENT.

D'un amour criminel Phèdre accuse Hippolyte!
Un tel excès d'horreur rend mon âme interdite.

LA JOIE.

Dieux! avec quel amour la Grèce vous révère!
Quel bonheur de me voir la fille d'un tel père!

LA MÉLANCOLIE.

Je disais à la nuit sombre:
O nuit, tu vas dans ton ombre
M'ensevelir pour toujours!
Je redisais à l'aurore:
Le jour que tu fais éclore
Est le dernier de mes jours!

———————

Le point exclamatif se place aussi après toutes les interjections.

Holà! quelqu'un, qu'on appelle Nanine.
Pouah! pouah! seigneur, mon âme n'a pas été souillée
Parbleu! tu jugeras toi-même si j'ai tort.
Heu! voilà ce que c'est que d'étudier!

> St! st! un mot : comme ami l'un de l'autre.
> Buvez à ma santé ; je vais boire à la vôtre.

Cependant il ne doit jamais couper en deux une phrase exclamative très-courte ni être transposé après un mot qui ne fait pas partie de l'exclamation.

> Ah, Rome ! ah, Bérénice ! ah, prince malheureux !
> Pourquoi suis-je empereur ! pourquoi suis-je amoureux !
> Êtes-vous satisfait ? Moi ! dit-il, pourquoi non ?

Un grammairien distingué, M. Freys, a proposé de joindre au point exclamatif et au point admiratif une virgule, un point-virgule, un deux-points ou un point selon que le membre de phrase qui le suit demande une de ces ponctuations.

Si les rois sont méchants combien font-ils souffrir les hommes, et quels tourments leur sont préparés dans le noir Tartare !; s'ils sont bons quelles difficultés n'ont-ils pas à vaincre !, quels piéges à éviter !, quels maux à souffrir !.

A moi, Auvergne !; ce sont les ennemis.

Cette innovation, dont on vient de voir l'application, serait heureuse ; on éviterait par là de séparer par une même ponctuation des membres de phrase qui en réclament de différentes : mais pour éviter le mauvais effet de deux ponctuations accolées l'une à l'autre nous pensons qu'il serait mieux de les figurer ainsi.

$$! \enspace ! \enspace ! \enspace ! \enspace ! \enspace — \enspace ? \enspace ? \enspace ? \enspace ? \enspace ?$$

CHAPITRE VI.

DU POINT INTERROGATIF.

L'emploi du point interrogatif semble facile; néanmoins il faut distinguer si l'interrogation n'est que dans la forme ou si elle est véritablement dans le sens.

Dans ces deux vers de Delille l'interrogation n'est pas même dans la forme, et, quoi qu'en dise la *Grammaire nationale*, ils doivent être ainsi ponctués.

> Un prétexte est aride, il le faut embellir;
> Ennuyeux, l'égayer; vulgaire, l'ennoblir.

et non de cette manière,

> Un prétexte est aride? il le faut embellir;
> Ennuyeux? l'égayer; vulgaire? l'ennoblir.

Dans ces interrogations purement grammaticales la conjonction conditionnelle *si*, nécessairement sous-entendue, est aisément rétablie par l'esprit du lecteur; c'est comme s'il y avait *si un précepte est aride il le faut embellir*, etc.

Dans les deux autres exemples que nous allons donner l'interrogation n'est que dans la forme : c'est la virgule qu'il faut employer : le *si* conditionnel est également sous-entendu.

Avez-vous partagé le repos de votre hôte, avez-vous reçu le pain et le sel de sa main, votre personne est sacrée pour lui quand même il découvrirait que vous êtes son ennemi.

Veut-on élever le caractère de l'homme, veut-on améliorer ses mœurs et former de bons citoyens; veut-on augmenter et consolider la confiance réciproque, que l'on respecte impassiblement la justice.

Lorsque l'interrogation est à la fois dans le sens et dans la forme le cas ne saurait être douteux.

Sommes-nous sages nous qui nous confions sans cesse à des espérances qui sont sans cesse trompées? et n'allons nous pas chaque jour au-devant d'un fantôme créé par notre imagination?

Et prenez-vous, seigneur, leurs caprices pour guides?
Avez-vous prétendu qu'ils se tairaient toujours?
Est-ce à vous de prêter l'oreille à leurs discours?

Éternité, néant, passé, sombres abîmes,
Que faites-vous des jours que vous engloutissez?
Parlez, nous rendrez-vous ces extases sublimes
Que vous nous ravissez?

Lorsqu'il y a dans une phrase une série de questions qui ont rapport à la même chose on met seulement le signe interrogatif après la dernière.

Quelle est l'action de la chaleur sur les corps solides, quels sont les phénomènes qu'ils présentent lorsqu'ils sont pénétrés d'une chaleur extraordinaire, et quand ils en sont pénétrés comment les conservent-ils ou les perdent-ils?

Dans ces cas ce ne sont pas des questions qu'on adresse pour obtenir des réponses successives, c'est un ensemble de questions dont on demande la solution totale et faite à loisir.

Quand une interrogation est terminée par un sens partiel affirmatif on omet le signe interrogatif.

Quel est celui qui n'ayant pas les qualités nécessaires pour un emploi élevé veuille bien le reconnaître et se rendre à lui-même cette justice : Non, je n'ai pas ce qu'il faut pour occuper dignement une telle place.

Le point interrogatif est surtout indispensable quand l'interrogation n'est que dans le sens et point dans la forme ; comme lorsqu'on interroge par un signe en disant :

C'est cela que vous désirez?

Ou si l'on s'enquiert, sans transposer le pronom, si une personne consent à nous accompagner :

Vous venez avec nous?

CHAPITRE VII.

DES PARENTHÈSES ET DES CROCHETS [1].

Les parenthèses servent à renfermer des phrases ayant un sens distinct et indépendant de celui des périodes dans lesquelles elles sont insérées : ces phrases sont en général des réflexions que l'auteur jette pour ainsi dire au milieu de sa narration, qu'il poursuit ensuite comme s'il ne l'avait pas interrompue.

> A ces mots l'animal pervers,
>   (C'est le serpent que je veux dire,
> Et non l'homme, on pourrait aisément s'y tromper)
> A ces mots le serpent se laissant attraper
> Est pris, mis en un sac, et, ce qui fut le pire,
> On résolut sa mort, fût-il coupable ou non.
>
> On conte qu'un serpent voisin d'un horloger
> (C'était pour l'horloger un mauvais voisinage)
> Entra dans sa boutique, et, cherchant à manger,
>   N'y trouva pour tout potage
> Qu'une lime d'acier qu'il se mit à ronger.

La parenthèse ne doit jamais empêcher de placer la ponctuation immédiatement après le mot auquel elle appartient.

> Un vieillard près d'aller où la mort l'appelait,
> Mes chers enfants, dit-il, (à ses fils il parlait)
> Voyez si vous romprez ces dards liés ensemble.

---

[1] Quoique les parenthèses, le moins, les guillemets et les points de suspension ne servent point à la division des phrases, cependant, comme ils les modifient, l'explication raisonnée de leur emploi fait nécessairement partie d'un traité de ponctuation : nous allons donc en parler en continuant l'ordre des chapitres.

Ô roi! nous tenons comme tu vois dans une main l'épée et dans l'autre une branche d'olivier: (en effet ils tenaient l'une et l'autre dans leurs mains) voilà la paix et voilà la guerre; choisis.

D'après la règle que nous venons de poser la virgule est mise après *dit-il*, le deux-points après *olivier* comme le réclamait le sens, et il n'y a point de ponctuation en dedans de la parenthèse, qui dans ce cas en tient suffisamment lieu.

———

Dans cet autre exemple il n'y a pas de virgule avant la parenthèse, elle séparerait le nominatif du verbe.

Mais un fripon d'enfant (cet âge est sans pitié)
Prit sa fronde, et du coup tua plus d'à moitié
La volatile malheureuse.

———

Cependant si le sens exige une ou plusieurs ponctuations dans les parenthèses on ne doit pas les omettre.

Un lièvre en son gîte songeait;
(Car que faire en un gîte à moins que l'on ne songe?)
Dans un profond ennui ce lièvre se plongeait :
Cet animal est triste, et la crainte le ronge.
Elle grimpa chez l'aigle, et lui dit : Notre mort
(Au moins de nos enfants, car c'est tout un aux mères)
Ne tardera possible guères.

———

Dans les jeux de scène des pièces de théâtre les phrases entre parenthèses commencent toujours par une capitale, se mettent en italique et sont soumises aux règles ordinaires de la ponctuation : elles n'ont aucun rapport avec ce qui précède ni avec ce qui suit; ce ne sont que des indications destinées à guider l'acteur dans sa pantomime.

J'attendais vos ordres, monsieur; et il m'est venu en pensée, pour divertir la compagnie, de chanter avec mademoiselle une scène d'un petit opéra qu'on a fait depuis peu. (*A Angélique, lui donnant un papier.*) Tenez, voilà votre partie.

———

Dans les dictionnaires biographiques on place ordinai-

rement la virgule où il semble qu'elle ne devrait pas être.
Par exemple dans ce cas :

ROUSSEAU, (Jean-Jacques) né à Genève en 1712, mourut à
Ermenonville en 1778.

C'est après *Rousseau* qu'il faut mettre la virgule et non
avant ou après la seconde parenthèse, puisque c'est comme
s'il y avait *Jean-Jacques Rousseau*, et qu'alors il serait impossible de mettre une virgule entre le prénom et le nom
propre.

DES CROCHETS.

Les crochets ne sont guère employés aujourd'hui que
dans les ouvrages de jurisprudence. Cependant dans une
édition de Buffon les crochets font distinguer les additions
aux articles, faites postérieurement par le naturaliste, et
classées dans leur ordre naturel par Lacépède.

Dans quelques ouvrages de poésie quand un vers ne
peut entrer dans une ligne on place le dernier mot de ce
vers au-dessus ou au-dessous entre deux crochets, et cela
pour gagner du terrain : il en est de même du dernier mot
de quelques articles dans les dictionnaires abrégés.

Dans les ouvrages d'histoire le millésime intercalé dans
le texte se place aussi entre deux crochets.

Enfin on se sert de ce signe pour marquer une interca-
lation insérée elle-même dans une phrase qui est renfer-
mée dans des parenthèses, comme dans ce cas :

Dunfort est mon ami d'enfance : il est appelé à une place émi-
nente ; il connaît mes besoins, et plus d'un emploi est à sa disposition ; il est flatté de me recevoir, mais n'est pas obligé de de-
viner l'objet de ma visite : (tous les amis ne ressemblent pas à
ceux du Monomotapa [*La Fontaine*, fable des *Deux Amis*]) je le
mets sur la voie...

On voit par toutes ces raisons que les crochets sont
destinés à venir au secours des parenthèses.

CHAPITRE VIII.

DU TIRET OU MOINS.

Le rôle principal du *moins* est de remplacer les éternels *dit-il*, *dit-elle*, etc., qui rendaient autrefois si traînantes les narrations où l'on mettait en scène plusieurs personnages ; ils remplacent les noms des interlocuteurs.

> Le *loup* déjà se forge une félicité
>   Qui le fait pleurer de tendresse.
> Chemin faisant il vit le cou du chien pelé :
> *Qu'est cela ?* lui dit-il.—Rien.—Quoi rien !—Peu de chose.
>   — Mais encor ?—Le collier dont je suis attaché
> De ce que vous voyez est peut-être la cause.
> *Attaché !* dit le loup : vous ne courez donc pas
> Où vous voulez ? — Pas toujours ; mais qu'importe ?
>   — Il importe si bien que de tous vos repas
>   Je ne veux en aucune sorte.

On voit dans cet exemple que nous n'avons pas mis de *moins* avant *Qu'est cela*, le loup avait été nommé, ni avant *Attaché*, il l'est après.

En poésie quand on emploie le *moins* pour distinguer les interlocuteurs on doit fermer le dialogue par un *moins* renversé.

>   Une grenouille vit un bœuf
>   Qui lui sembla de belle taille.
> Elle, qui n'était pas grosse en tout comme un œuf,
> Envieuse, s'étend, et s'enfle, et se travaille

> Pour égaler l'animal en grosseur,
> 　　Disant : Regardez bien, ma sœur,
> Est-ce assez? dites-moi; n'y suis-je point encore?
> —Nenni. —M'y voici donc?— Point du tout.—M'y voilà ?
> 　— Vous n'en approchez point. | La chétive pécore
> 　　S'enfla si bien qu'elle creva.

Dans la prose on commence par nommer les interlocuteurs; on les remplace ensuite par des moins.

C'était Dick Sludge ou Flibbertigibbet, qui, semblable au lutin dont il portait le costume, semblait être toujours pendu à l'oreille de ceux qui pensaient le moins à lui. Quelque fâcheuse que cette rencontre inattendue parût à Wayland, il crut sage de dissimuler sa mauvaise humeur, et s'écria :

— Ah! c'est toi, mon prince des Catodémons, mon petit rat ?

— Oui, répondit Dick, le rat qui a rongé une à une les mailles du filet, quand le lion qui s'y était laissé prendre commençait à avoir l'air d'un âne.

— Mon petit trotte-gouttière, tu es piquant comme du vinaigre cette après-midi ; mais, dis-moi, comment t'en es-tu tiré avec le géant? je craignais qu'il ne te déshabillât et ne fît de toi qu'une bouchée.

— Oh! s'il l'eût fait il aurait eu plus de cervelle dans son ventre qu'il n'en a jamais eu dans sa tête; mais le géant est un être plus reconnaissant que bien d'autres personnes que j'ai secourues dans les moments d'embarras, M. Wayland.

— Diable! Dick, tu es plus mordant qu'une lame de Sheffield. Cependant je voudrais bien savoir de quel charme tu t'es servi pour museler ce vieil ours.

— Oui, voilà comme vous êtes! vous croyez que de belles paroles vous dispensent des actions.

S'il y a plus de deux interlocuteurs l'auteur est obligé de les nommer de temps à autre afin que le lecteur ne confonde pas les personnages : dans ce cas on doit continuer d'employer le *moins*.

Quelques personnes remplacent le premier *moins* par un guillemet et ferment l'interlocution par un autre guillemet; cette méthode est raisonnable : d'autres joignent le guillemet au *moins*; c'est une surabondance inutile de signes.

Souvent dans les romans nouveaux le *moins* n'indique pas une narration dramatisée ; il est accolé à la virgule, au point-virgule, etc., pour leur donner, dit-on, plus de force et stimuler l'attention du lecteur. Cette nouveauté ne nous paraît pas une perfection, à moins qu'il n'en soit de ce signe comme il en est souvent des points de réticence, qui semblent inviter le lecteur à penser pour l'écrivain.

———

Dans un dictionnaire où l'on veut faire entrer le plus de matière possible dans un nombre de pages donné chaque article ne forme qu'un alinéa ; mais les alinéas que cet article nécessiterait sont remplacés par le *moins*. Par exemple, quand un mot a plusieurs acceptions au lieu de le répéter on met un *moins*.

Dans les journaux on fait précéder par un *moins* chacune des nouvelles diverses, excepté la première.

CHAPITRE IX.

DU GUILLEMET.

Le guillemet se met immédiatement avant le premier mot d'une citation qui n'est pas en caractère *italique* ni différent de celui du texte, (dans ce cas il est surabondant) et on le continue au commencement de chaque alinéa jusqu'à ce qu'on soit arrivé à la fin de la citation, qui se ferme par un guillemet précédé et non suivi du point.

Lorsque les mots *dit-il, répondit-elle,* etc., sont insérés dans la citation quelques personnes ferment le guillemet avant et le rouvrent après ces mots : c'est encore un usage que réprouve le goût : ces incises ne sauraient être confondues avec la citation même, et l'œil est choqué de cette superfluité de signes.

L'emploi du guillemet est quelquefois embarrassant ; par exemple si la citation commence au milieu d'un mot avant une apostrophe. M. Freys propose de le placer ainsi :

La cour a arrêté qu' « attendu..., qu' « il serait..., qu' « eu égard.

Et il a raison. Cependant peut-être vaudrait-il mieux changer un peu la rédaction, comme on le fait dans quelques ouvrages de jurisprudence, et comme nous allons le figurer ;

La cour a arrêté que, « Attendu, etc.

La cour a arrêté que, « Eu égard, etc.

du moins chaque fois que cette tournure peut être employée.

CHAPITRE X.

DES POINTS SUSPENSIFS.

Les points suspensifs indiquent une suspension ou une réticence.

UNE SUSPENSION.

Tu vas ouïr le comble des horreurs :
J'aime... A ce mot fatal je tremble, je frissonne.
J'aime...

Qui?

Tu connais le fils de l'Amazone,
Ce prince si long-temps par moi-même opprimé.

UNE RÉTICENCE.

Et ce même Sénèque et ce même Burrhus
Qui depuis... : Rome alors estimait leurs vertus!

Je devrais sur l'autel où ta main sacrifie
Te...; mais du prix qu'on m'offre il faut me contenter!

Les points de réticence remplacent le complément d'une pensée qui doit être si facile à saisir que le lecteur la comprend en entier immédiatement; il est donc convenable de mettre après ces points la ponctuation qui appartient à ce complément, et de commencer ce qui suit par une lettre ordinaire ou majuscule selon que le cas l'exige. Nous avons donné l'exemple avant le précepte.

Finalement les points suspensifs terminent une phrase qui provoque dans l'esprit du lecteur de profondes réflexions ; on sent par là qu'ils doivent être employés très-rarement.

Robert, fils de Guillaume-le-Conquérant, contre qui il s'était révolté, errait non loin du camp ennemi couvert de son armure : il rencontre un guerrier armé de toutes pièces, l'attaque, le renverse, arrache la visière de son casque pour le frapper d'un coup mortel ; c'était son père...!

FIN.

TABLE.

FIN DE LA TABLE.

Paris.—Imprimerie Bonaventure et Ducessois, 55, quai des Augustins.

CHEZ TOUS LES LIBRAIRES

on peut se procurer séparément les ouvrages de la

BIBLIOTHÈQUE POUR TOUT LE MONDE

RELIGION, MORALE,

SCIENCES ET ARTS, INSTRUCTION ÉLÉMENTAIRE,

HISTOIRE, GÉOGRAPHIE, ETC.

TITRES DES OUVRAGES

Numéros:

1 Alphabet (avec 100 gravures).
2 Civilité (2e livre de Lecture).
3 Tous les genres d'Écriture.
4 Grammaire de Lhomond.
5 Le mauvais Langage corrigé.
6 Traité de Ponctuation.
7 Arithmétique simplifiée.
8 Mythologie.
9 Géographie générale.
10 — de la France.
11 Statistique de la France.
12 La Fontaine (avec notes).
13 Florian (avec notes).
14 Ésope, etc. (avec notes).
15 Lecture pour chaque Dimanche
16 Morceaux de Littérature: Prose,
17 — — Vers.
18 Art poétique (avec notes).
19 Morale en action.
20 Franklin (œuvres choisies).
21 Les Hommes utiles.
22 Les bons Conseils.
23 Histoire ancienne.
24 — grecque.
25 — romaine.
26 — sainte.

27 Histoire du moyen âge.
28 — moderne.
29 — de la découverte de l'Amérique.
30 — de France.
31 — de Paris.
32 — de Napoléon.
33 Tablettes universelles.
34 Le Monde à vol d'oiseau.
35 Robinson raconté en famille.
36 Merveilles de la Nature.
37 Découvertes et Inventions.
38 Erreurs et Préjugés.
39 Le Bonhomme Parce que et son voisin Pourquoi.
40 Histoire Naturelle⎫
41 Géologie ⎪
42 Astronomie ⎬ avec gravures.
43 Physique amusante⎪
44 Chimie amusante ⎭
45 Tenue des Livres simplifiée.
46 Géométrie ⎫
47 Algèbre ⎬ avec gravures.
48 Arpentage ⎭
49 Dessin linéaire⎫
50 Poids et Mesures. ⎭

Bibliothèque pour tout le monde! — Pour que cette Bibliothèque justifie son titre et qu'une place lui soit donnée dans toutes les familles; —pour qu'elle soit réellement *élémentaire, instructive*, il faut que, TOUTE d'instruction, elle ne s'occupe que de sujets religieux, moraux ou scientifiques: — il faut aussi que son prix *extraordinairement bas* en rende l'acquisition très facile *à tout le monde*: tel est notre but.

CHAQUE OUVRAGE SE VEND SÉPARÉMENT.

Imp. Bonaventure et Ducessois.

Contraste insuffisant

NF Z 43-120-14

www.ingramcontent.com/pod-product-compliance
Lightning Source LLC
Chambersburg PA
CBHW060740280326
41934CB00010B/2296